GILBERT DELAHAYE
MARCEL MARLIER

Ayşegül
Alışveriş Yapıyor

YAPI KREDİ YAYINLARI

O sabah annesi Ayşegül'den markete gidip alışveriş yapmasını istedi.

"Kardeşine göz kulak ol. Parayı da kaybetme. Çıkışta baban sizi almaya gelecek."

Böylece Fındık, Ayşegül ve küçük kardeşi Ali markete gittiler.

Markette her taraf ışıl ışıldı, müzik sesi her yeri kaplamıştı. Raflarda binbir çeşit ürün vardı.

Ayşegül "Haydi oyuncaklara bakmaya gidelim" dedi. Oyuncak reyonunda balonlar dağıtılıyor, kurmalı fareler, konuşan bebekler, paytak paytak yürüyen ördekler satılıyordu.

Ali "Ben jet uçağı almayı çok isterdim…" dedi.

Satıcı "Buyurun bakalım, küçük beye bir uçak, bir de balon…"

Büyük marketler cumartesi günleri çok kalabalık oluyordu.

İnsanlar bir reyondan diğerine gidiyor, duruyor, sonra yeniden yürümeye başlıyordu.

Fındık sonunda kayboldu.

Herkesin elinde çantalar, sepetler, bastonlar, şemsiyeler vardı.

"Aaa, bu köpekçik ne güzel akıl etmiş de paten giymiş! Tasması da çok güzelmiş. Merhaba. Buralarda Ayşegül'ü gördün mü?"

Ayşegül'le kardeşi müzik reyonundaydı.

Ali "Ben Minik Kedicik'i dinlemek istiyorum" dedi.

Tezgâhtar albümü çalmaya başladı.

Ali "Ben bu kulaklıktan hiçbir şey duyamıyorum" dedi.

"Ne garip…"

"Bir de böyle deneyelim…"

"Çok daha iyi oldu!"

Yakında okullar açılacaktı. Okul için de bir sürü şey gerekiyordu. Ayşegül hiçbir şeyi unutmamak amacıyla alacaklarını defterine yazmıştı. Listeyi annesiyle beraber yapmışlardı:

Küçük kardeşi Ali'ye yazı tahtası, Orhan'a iki defterle suluboya, Ayşegül'e renkli kalemler, kalem kutusu, iki tükenmez kalem (mavi ve kırmızı), bir silgi, bir kalemtıraş, babaya da elli tane mektup zarfı.

Çocuk parkının yanından geçiyorlardı.

Burada insan çok eğleniyordu. Sallanan at dörtnala gidiyordu. Ama istediği kadar acele etsin, hep aynı yerde duruyordu.

Biraz ileride, atlıkarınca harekete hazırdı.

Üstünde deveyle zürafa da vardı.

Ali, bindiği eşeğin dizginlerine asılarak "Benim küçük eşeğim kadar hızlı gidemezler" dedi.

Ayşegül beyaz atının üstünde pek gururlu görünüyordu.

Takı reyonunda zarif boncuklu kolyeler, küpeler, bilezikler, broşlar, saatler satılıyordu.

Tezgâhtar "İşte size güzel bir kolye" dedi.

Ayşegül "Ben şu camekândakini istiyorum. Anneme sürpriz yapacağım" diye cevap verdi.

Fındık "Bu kolye benim tasmamdan daha pahalıdır" diye düşündü. "Benim boynuma üç kere dolanabilir."

"Giysi reyonu neresi acaba?"

"Birinci katta küçük hanım."

Ali el çırparak "Süper! Yürüyen merdivenlerden çıkalım!" dedi.

"Bu değil, bu aşağı iniyor."

"İşte yukarı çıkan burada. İlk basamağa atlayalım. İlk basamağı kaçırmamak gerek. İşte gidiyoruz. Çok eğlenceli değil mi? Ne yazık ki geldik bile! Dikkat!"

Ayşegül'e uygun pek çok elbise vardı.

"Bunu denemek ister misiniz?"

"Evet. Bana olur herhalde."

"Tam sizin bedeniniz."

"Aynada görebilir miyim?"

"Tabii!" diye cevap verdi tezgâhtar.

Aynada elbisesine bakan Ayşegül "Haklısınız, bu elbise çok güzel oldu" dedi.

"Şu hanım bana bir tuhaf bakıyor..." diye düşündü Fındık.

Biraz düşündükten sonra "Belki de bana şeker vermek istiyordur..." dedi.

Yavaşça yaklaştı.

"Vay canına!" dedi, "Ayakta uyuyor!"

"Aman Fındık, manken olduğunu görmüyor musun!"

Cam eşya reyonunda, Fındık "Buradan mı giriliyor?" diye sordu.

"Tabii ki!" diye cevap verdi Ali. "Sen de hiçbir şey bilmiyorsun. Turnikelerden geçmek gerekiyor… Çevirmek çok eğlenceli. Bak, ne güzel çalışıyorlar! Lunapark gibi! Aman dikkat, düşüp patini kırma!"

Ayşegül saatine baktı:

"Haydi çabuk olalım. Babam bizi kapıda bekleyecek."

Ali merakla "Bu bebek arabasıyla ne yapacaksın?" diye sordu.

"Bebek arabası değil bu, alışveriş arabası. Aldığımız şeyleri içine koyuyoruz."

"Ben sürebilir miyim?"

"Olmaz, daha çok küçüksün. Fındık'la şuraya oturun. Uslu durun."

Ev için de mutfak alışverişi yapmak gerekiyordu. Kahve, şeker, un, tuz, sebze, portakal ve elma alacaklardı.

"Bezelye konserveleri nerede?"

"Yukarıdaki rafta."

"Süt nerede peki? İrmik? Şurada karamelalar var. 250 gram alacağız… Yarım kilo da bisküvi."

Alışveriş arabası tıkabasa dolmuştu.

Alınan her şeyin parasını kasada ödemek gerekiyordu.

Ayşegül, Ali'ye "Bana yardım eder misin?" dedi.

Aldıklarını kasanın yanına dizmeye başladılar: Kahve, şeker, un, tuz, sebzeler, portakallar, elmalar, bezelyeler, süt, irmik, karamelalar, bisküviler…

Kasiyer ürünlerin fiyatlarını hesapladı… İşte kasa fişi!

Ayşegül ödemeyi yapıp kalan parasını kontrol etti.

Marketten çıkmadan önce üçü birlikte otomatik fotoğraf kabinine girip fotoğraflarını çektiler.

Dikkat, sakın kıpırdamayın!

Makine çalışmaya başladı. Bir, iki, üç… Bitti!

Nasıl buldunuz?

Ayşegül'ün fotoğrafı gayet başarılı değil mi?

Ali'yle Fındık da güzel çıkmışlardı. Bu güzel fotoğraflarını görünce anneleri şaşıracaktı.

Alışveriş bitti, marketin çıkış kapısına gittiler.

Ali'nin sepeti ağzına kadar doluydu. Ayşegül'ün de eli kolu doluydu… Özellikle balon çok yer tutuyordu.

Sevinçle arka patilerinin üstünde zıplayan Fındık "Ben de yardım edeyim!" dedi.

"Olmaz, yaramazlık yaparsın! Hah, babam da arabasıyla geldi!"

Eve dönecekleri için hepsi çok memnundu.

Yapı Kredi Yayınları - 3546
Doğan Kardeş - 384

Ayşegül - Alışveriş Yapıyor
Gilbert Delahaye - Marcel Marlier
Özgün adı: Martine - fait ses courses
Çeviren: Füsun Önen

Kitap editörü: Korkut Erdur
Düzelti: Filiz Özkan

Grafik uygulama: Arzu Yaraş

Baskı: Promat Basım Yayım San. ve Tic. A.Ş.
Orhangazi Mahallesi, 1673. Sokak, No: 34 Esenyurt / İstanbul
Sertifika No: 12039

1. baskı: İstanbul, Mart 2012
3. baskı: İstanbul, Nisan 2018
ISBN 978-975-08-2208-7

© Yapı Kredi Kültür Sanat Yayıncılık Ticaret ve Sanayi A.Ş., 2016
Sertifika No: 12334
© Casterman
Bu kitabın telif hakları Kalem Telif Hakları Ajansı aracılığıyla alınmıştır.

Bütün yayın hakları saklıdır.
Kaynak gösterilerek tanıtım için yapılacak kısa alıntılar dışında
yayıncının yazılı izni olmaksızın hiçbir yolla çoğaltılamaz.

Yapı Kredi Kültür Sanat Yayıncılık Ticaret ve Sanayi A.Ş.
İstiklal Caddesi No: 161 Beyoğlu 34433 İstanbul
Telefon: (0212) 252 47 00 Faks: (0212) 293 07 23
http://www.ykykultur.com.tr
e-posta: ykykultur@ykykultur.com.tr
İnternet satış adresi: http://alisveris.yapikredi.com.tr

Yapı Kredi Kültür Sanat Yayıncılık
PEN International Publishers Circle üyesidir.